AF250740

SECONDE LETTRE

A

MONSIEUR TURMEL,

MAIRE DE LA VILLE DE METZ,

ET PAYEUR DU DÉPARTEMENT DE LA MOSELLE.

PARIS.

IMPRIMÉ CHEZ PAUL RENOUARD,

RUE GARENCIÈRE, N° 5, F. S.-G.

MDCCCXXIX.

SECONDE LETTRE

A

MONSIEUR TURMEL,

MAIRE DE LA VILLE DE METZ ET PAYEUR DU
DÉPARTEMENT DE LA MOSELLE.

***

Monsieur,

Nous vous avons rappelé, il y a trois mois, l'enga-
gement que vous aviez pris envers *vos concitoyens*, par
votre lettre du 27 août dernier. Il nous semblait que
les listes publiées pour 1829, et les conséquences qui
paraissaient ressortir avec la plus grande évidence des
chiffres de votre inscription, exigeaient de vous, plus
impérieusement que jamais, l'exécution de cette pro-
messe, et une justification prompte et péremptoire.

Cependant, vous avez préféré garder le silence ; et
c'est le 14 février seulement qu'au sein de la capitale,
loin de vos concitoyens, loin des lieux où la vérification de tous les faits aurait été plus facile, vous vous
êtes décidé à envoyer aux membres de la Chambre des
Députés une réponse aux calculs et aux raisonnemens

développés dans la lettre que nous vous avions adres-
sée.

Cette lettre vous avait été remise dès les premiers
jours du mois de décembre, et il n'y a pas huit jours
que nos engagemens publics, et le défaut de toute es-
pèce d'explication de votre part, nous ont contraints de
la distribuer à ceux que nous ne pouvons encore nous
décider à appeler vos collègues.

Vous avez attendu jusqu'au lendemain de cette dis-
tribution pour publier votre défense, et ce n'est que par
un long circuit qu'elle nous est parvenue: de sorte que
si l'ordre des numéros soumettait immédiatement notre
pétition à la discussion de la Chambre, vous nous au-
riez suscité des préventions qu'il ne nous eût pas été
possible de détruire, et des objections que nous n'aurions
pu combattre.

Nous laissons aux hommes impartiaux le soin d'ap-
précier une semblable conduite, et, malgré le dédain que
vous témoignez pour notre correspondance, nous nous
voyons obligés, à notre grand regret, de vous adresser
encore quelques observations sur votre lettre aux membres de la Chambre des Députés.

Libre à vous de répéter, comme vous l'avez déjà fait
deux fois, que vous ne croyez pas devoir répondre à
une lettre dont toutes les signatures ne sont pas suivies
de la qualification d'électeur.

Nous ne rechercherons pas par quel dégrèvement ex-
traordinaire vos contributions qui étaient, dites-vous,

de 1,360 fr. en 1813, se sont trouvées réduites à 1,003 fr.
34 c. pour l'année 1827.

Nous nous rappelons bien que, malgré votre propre
déclaration, l'autorité administrative vous a maintenu
sur les listes de cette dernière année, pour une somme
de 1090 fr. 07 c.

Nous n'avons pas oublié l'incertitude qu'a long-temps
entretenue dans nos esprits une annotation complai-
sante, mise en marge du certificat qui nous fut délivré
par M. le directeur des contributions directes, en vertu
de la déclaration de M. le ministre des finances.

Toutes ces circonstances étaient de nature à éveiller
nos soupçons sur l'inexactitude des faits attestés, et vos
propres aveux prouvent assez aujourd'hui combien ces
soupçons étaient légitimes.

Nous conviendrons si vous le voulez que vous étiez
trompé, tout le premier, par les erreurs de l'autorité
compétente.

Nous vous accorderons que vous ne vous êtes pas oc-
cupé de savoir si les portes et fenêtres de votre maison
de ferme devaient être comptées à votre fermier ou à
vous—même.

Il paraîtra peut-être étrange que vous ayez ignoré
une disposition administrative à l'exécution de laquelle
vous êtes souvent appelé à concourir. Mais nous vous
avons convaincu d'ignorer ou d'oublier des dispositions
législatives tout aussi importantes, et nous voulons bien
croire qu'au milieu des soins multipliés dont vous ac-
cablent sans doute les doubles fonctions que vous accu-

mulez, vous n'avez pas un instant à donner à ces minu-
tieux détails.

Permettez-nous seulement de vous faire observer que
vous êtes dans l'erreur en portant, dans l'état de contributions que vous avez arrangé tout exprès pour votre
défense, la contribution des portes et fenêtres d'Antilly,
pour une somme de 23 fr. 94 c. *non contestée*. Cette
somme est celle qui est portée à la colonne de vos contributions sur les dernières listes publiées. Nous avons
toujours persisté dans nos objections sur la cote qui
vous était attribuée pour cet objet dans le certificat de
1827 ; mais comme il n'en résulte qu'une différence de
quelques centimes, ce n'est pas la peine de nous y
arrêter plus long-temps.

Nous nous bornerons à constater que, de votre propre
aveu, le total de vos contributions de 1827, qui, d'après
le certificat produit à la Chambre s'élevait à 1003 fr.
34 c., doit éprouver une réduction de 6 fr. 42 c., est
descendu ainsi de plus de 3 fr. au-dessous du cens de
l'éligibilité. Aussi, après avoir passé condamnation sur
ce premier article, vous vous êtes trouvé dans un étrange
embarras; vous aviez à répondre à nos objections
contre l'attribution qui vous avait été faite de 28 fr.
73 c. pour les portes et fenêtres de l'appartement que
vous occupiez à Metz.

Nous avions démontré que vous ne pouvez compter
que vingt-deux jours et la porte-cochère, ce qui rédui-
sait à 20 fr. 20 c. les 28 fr. 73 c. que vous avait accordés,
pour cet objet, une autorité partiale. Eh bien ! ce chiffre

ne pouvait plus vous convenir. En l'adoptant, vous vous trouviez réduit à 996 fr. 87 c. Pour élever votre cens à la somme de 1001 fr. 45 cent., vous avez été obligé d'emprunter aux listes de 1829 la somme que vous avez payée en 1828 pour ce même article, et de l'intercaler dans le certificat de vos contributions pour 1827. Pour expliquer cette confusion et justifier une pareille bigarrure, vous soutenez que cette contribution doit vous être comptée, non d'après le nombre de jours indiqués au rôle de 1827, mais d'après le nombre de jours reconnus dans un procès-verbal de vérification, dressé le 27 août 1828.

Voilà maintenant à quoi se réduit votre défense.

Rappelez-vous, monsieur, que le rôle de 1827 ne portait que trente-huit jours et une porte-cochère pour la maison de madame F.

Le rôle de 1828 annonçait quarante-quatre jours et deux portes-cochères, et nous avons déjà prouvé que, pour arriver à la somme de 33 fr. 14 c. qui vous est allouée sur les listes de cette année, il faut vous compter vingt-huit jours et les deux portes-cochères, de sorte que, si vous ne pouvez pas vous prévaloir de la contribution de 1828 pour compléter votre cens de 1827, ce cens restera inférieur de plus de 5 fr. au taux de l'éligibilité. Telle est la conséquence nécessaire de vos propres calculs. Bornons-nous donc à examiner ces faits et les conséquences que vous prétendez en tirer.

Le rôle de 1827, conforme, à ce qu'il paraît, au procès-verbal du 27 août 1828, indique cinquante-deux jours et deux portes-cochères. Vous vous attribuez sur ce total trente-six jours et une porte-cochère, il reste par conséquent seize jours et une porte-cochère pour l'appartement de madame F. Il faut en conclure que nous avons eu raison d'affirmer, dès le principe de cette discussion, que des trente-huit jours portés sur les rôles de 1827, vingt-deux seulement pouvaient être comptés pour l'appartement que vous occupez, et qu'en vous allouant les deux tiers de l'impôt de la porte co-chère, nous vous avions fait une large concession.

Remarquez bien, en effet, que nous ne pouvions raisonner que sur les bases officielles résultant des rôles de 1827.

Ces bases avaient été établies sur le recensement de 1822; les fenêtres ouvertes dans votre appartement, depuis cette époque, étaient considérées par l'autorité compétente comme n'existant pas, et nous ne devions pas nous en occuper dans la répartition des trente-huit jours, qui seuls servaient d'assiette à l'impôt, et dont les contributions pouvaient seules entrer dans le cens du locataire ou du propriétaire, dans la proportion de leurs droits respectifs.

Vous n'étiez pas, dites-vous, chargé de faire la dé-claration des constructions nouvelles qui avaient changé l'état des lieux.

Mais aucune loi n'impose, que nous sachions, cette obligation au propriétaire. L'autorité fait procéder, quand elle le juge convenable, à de nouveaux recen-semens. Les jours nouveaux reconnus alors sont portés au rôle de l'année suivante ; c'est seulement à cette époque qu'ils ont une existence légale ; qu'ils doivent nécessiter le paiement d'une contribution plus forte, et conférer en même temps à celui qui la supporte le droit d'élire ou la capacité d'être élu.

Que si dans l'intervalle d'un recensement à l'autre vous vous trouviez intéressé à augmenter de quelques francs le total de vos contributions, c'était à vous à provoquer une vérification particulière, à faire, en un mot, en 1826, ce que vous avez jugé convenable de faire au mois d'août de l'année dernière.

Ne trouvant pas de raisonnement à opposer à une observation aussi simple, vous invoquez la jurisprudence de la Chambre, et les décisions qu'elle a rendues dans deux circonstances remarquables.

Vous citez l'exemple du général Foy : C'est un nom bien illustre ! Voyons donc ce qu'il peut y avoir de commun entre votre position et celle de l'éloquent citoyen dont la tribune est encore en deuil.

Le général Foy était porté sur les rôles de contributions pour sa cote personnelle et mobilière montant à une somme de 126 fr.; *et cette contribution était inhérente à sa personne et à sa situation* (Expressions de M. de Villèle. *Moniteur* du 25 mars 1825). Cependant il était arrivé que, soit par une omission volontaire de l'autorité, soit par une erreur résultant de la confusion des deux modes usités pour le paiement de la contribution personnelle et mobilière des militaires, le général Foy n'avait payé sa contribution personnelle et mobilière ni en 1822 ni en 1823. Comme pour ces deux années on n'avait dressé qu'un seul rôle, il supposait que la retenue lui serait faite à la fin de la dernière année. Cette retenue n'ayant pas été opérée, il avait réclamé. Sur sa demande, le ministre des finances lui avait fait délivrer le certificat de son inscription future au rôle de 1824, comme un équivalent de la quittance de la contribution de 1823 qu'il n'avait pas payée.

Le général Foy qui payait en 1824, qui avait payé antérieurement à 1822 une contribution personnelle et mobilière de 126 fr., était donc depuis plus d'une année en possession de la condition sociale à laquelle répond cette quotité d'impôts.

Sa situation était fixée et légalement reconnue depuis plusieurs années. Enfin il faut ajouter que l'administration était toujours en droit de réclamer la contribution des deux années 1822 et 1823. L'inscription du général aux rôles antérieurs le rendait passible du paiement des deux années intermédiaires; car pour répéter l'expression toute financière de M. de Villèle, *en pareil cas, erreur ne fait pas compte.*

Dans de telles circonstances, la Chambre n'a pas dû hésiter à reconnaître l'éligibilité du général Foy.

Elle a pris tout récemment une décision semblable, lors de la vérification des pouvoirs de M. le général Partouneaux. Mais, comme l'a fort bien remarqué l'honorable rapporteur, la position de M. le général Partouneaux était identiquement la même que celle du général Foy.

Il avait été porté aux rôles pour une contribution personnelle et mobilière de 96 fr., évaluée d'après la valeur locative d'un appartement qu'il occupait depuis six années. Il avait été omis sur le rôle de 1827, il s'était fait porter sur celui de 1828. Il est évident que les mêmes motifs lui étaient applicables, et que son admission ne pouvait éprouver de difficultés.

On se demande, en rappelant de pareils faits, quelle analogie vous avez pu leur trouver avec la question qui nous divise.

La maison de madame F. était imposée depuis plusieurs années pour trente-huit jours et une porte-cochère; elle a payé cette cote en 1827. C'était la situation de cette propriété telle qu'elle avait été constatée par le dernier recensement. Jusqu'à ce qu'il fût procédé à un recensement nouveau, et sauf votre droit de réclamer une vérification particulière, il était légalement reconnu que la maison dans laquelle vous occupez un appartement ne renfermait que trente-huit jours, dont seize appartenaient à madame F. ; *et dont vingt-deux seulement pouvaient être portés sur le certificat de vos contributions.*

Pour vous en attribuer un plus grand nombre, vous prétendez donner un effet rétroactif aux vérifications postérieures; mais à laquelle doit-on s'arrêter? Est-ce à celle qui a servi de base au rôle de 1828, ou à celle sur laquelle est établi le rôle de cette année? L'existence des portes et fenêtres n'a évidemment de date certaine pour l'assiette de l'impôt, et l'attribution des droits qui en dérivent, que du jour où un recensement ou une vérification en ont légalement constaté le nombre et la nature. Et le système que vous voudriez établir donnerait naissance à des fraudes continuelles et à des contestations interminables.

Enfin, pour ramener la question au principe bien simple énoncé par M. de Villèle, et qui a paru faire sur la Chambre une impression générale, l'administration des finances conservait le droit de réclamer au général Foy, et à M. le général Partouneaux, les contributions qu'elle ne leur avait pas demandées pour les années intermédiaires. A-t-on jamais prétendu que le receveur des contributions pût réclamer celle des portes et fenêtres, pour tout le temps qui s'est écoulé entre l'époque de la construction et celle d'un recensement nouveau?

Non, sans doute : et pourquoi cela? c'est qu'encore une fois les portes et fenêtres n'existent, relativement aux contributions, que du moment où le contrôleur les a reconnues et les a fait porter sur les rôles de l'année suivante.

En étudiant les précédens parlementaires indiqués dans votre lettre, nous en avons rencontré un beaucoup plus applicable à la question qui vous est personnelle. C'est une décision postérieure de peu de jours à l'admission du général Foy, et qui doit être aussi bien que cette dernière présente à votre souvenir.

Dans le cours de l'année 1824, M. Marchangy, desirant s'assurer le cens de l'éligibilité, avait déclaré au préfet de la Seine qu'une maison à lui appartenant, et située à Paris, avait été récemment louée pour un prix annuel de 6,000 fr.; et comme cette maison avait été jusque-là imposée pour un revenu présumé de 3,ooo fr., M. de Marchangy sollicitait une augmentation dans la contribution foncière. L'administration fit constater les faits, et le contrôleur estima que la propriété dont il s'agissait pouvait être portée aux rôles de 1825 pour un revenu brut de 6,ooo fr. M. de Marchangy prétendait que cette augmentation de taxe annoncée pour 1825 lui donnait le droit de faire valoir l'accroissement de contribution qui devait en résulter, comme si elle eût été portée au rôle de l'année précédente et qu'il l'eût réellement payée à l'époque de l'élection.

« Jusqu'à présent (disait à cette occasion un membre de la Chambre, promu depuis à la pairie) on a reconnu les rôles de contribution comme faisant foi de la capacité électorale; on a admis cette seule règle, parce qu'étant établie au commencement de l'année, chacun peut en réclamer l'exhibition et ils font foi pour tout le monde.

« Remarquez que si dans la circonstance actuelle vous admettiez en principe qu'un citoyen, au moment des élections, peut demander une surtaxe ou exiger qu'un rôle supplémentaire soit dressé sans être assujéti aux formalités nécessaires, il en résulterait que le droit de dégrèvement serait par cela même acquis à l'administration qui pourrait ainsi, au moment des élections, faire ou défaire à son gré des électeurs. »

« Un orateur (disait encore un autre député) a trouvé qu'il y avait parité entre MM. Foy et Marchangy. La seule analogie que j'y voye est que l'un était inscrit sur les rôles et que l'autre ne l'est pas. » (Voy. le *Moniteur* du 19 et 20 avril 1824.)

C'est d'après ces motifs que l'élection de M. Marchangy fut *annulée* par la Chambre, et le savant jurisconsulte que le département du Loiret s'honore aujourd'hui d'avoir pour mandataire a résumé cette délibération avec sa précision accoutumée, en disant (dans le 11ᵉ vol. des *Questions de droit administratif*, p. 272, note) : « *rien ne peut suppléer, même sous prétexte d'erreur, à l'inscription au rôle, pour établir le cens électoral.* » (Décision de la Chambre des Députés du 17 avril 1824.)

Faites-vous, monsieur, l'application de ces principes, et reconnaissez que vous ne pouvez transporter, comme vous prétendez dans votre certificat de 1827, des contributions qui n'ont été portées au rôle qu'en 1828 seulement. Il en résultera que, de votre propre aveu, le total ne s'élèvera plus qu'à 996 fr. 87 c.; mais, comme nos calculs pour les portes et fenêtres de Metz ne sont pas moins certains que ceux que vous avez admis pour les portes et fenêtres d'Antilly, le public et la Chambre resteront convaincus que c'est bien réellement à 987 fr. 91 c. qu'il convient de le réduire.

Renoncez donc enfin à toute discussion sur votre droit à l'éligibilité, et résignez-vous à n'avoir d'autre refuge que l'exception de la chose jugée.

Mais prenez garde toutefois que si nous voulons bien vous accorder que dans le principe votre erreur ait été involontaire et innocente, il n'en serait plus de même aujourd'hui que vous feriez sciemment usage d'une pièce dont la fausseté doit vous être démontrée, d'une pièce dont, pour parler plus exactement, la fausseté est avouée par vous-même. Vous vous flattez probablement que la Chambre se croira liée par sa première décision; nous sommes convaincus au contraire qu'elle peut revenir sur la délibération du 8 février 1828, sans porter la moindre atteinte au principe dans lequel vous mettez sans doute votre dernière espérance, et nous attendons sa résolution avec une confiance respectueuse. Mais ne vous abusez pas; quel que soit le résultat de la pétition que nous lui avons soumise, vous vous êtes condamné vous-même aux yeux de vos concitoyens. Ils vous ont vu vous éloigner sans avoir donné les explications promises : ils lisent à présent votre tardive réponse; ils y trouvent l'aveu de tous les faits que nous avions affirmés; ils jugent les efforts impuissans que vous tentez pour échapper aux conséquences qui en résultent.

Ce qu'ils doivent en conclure, nous n'avons pas besoin de vous le dire; votre conscience vous le dit assez haut.

NOMS DES SIGNATAIRES.

AUBERT AINÉ, *commissionnaire.*
BOUCHOTTE, ÉMILE, *propriétaire.*
CHARPENTIER, *avocat.*

CHEDAUX, *commissionnaire.*
CONSEIL, *avocat.*
DORNÈS, *avocat.*
GÉNOT, *propriétaire.*
GROUVELLE, *ingénieur.*
HUSSON, *propriétaire.*
MILLERET, *banquier.*
SAVOURET, *propriétaire.*
LE GÉNÉRAL SÉMÉLÉ, *propriétaire.*
TOUSSAINT D'ANCY, *propriétaire.*
VALETTE, *avocat.*
WOIRHAYE, *avocat.*

www.ingramcontent.com/pod-product-compliance
Lightning Source LLC
Chambersburg PA
CBHW051449060726

47596CB00006B/2696